Maria Theresia Bitterli & Dawio Bordoli

Il SESSO NELLA NUOVA ERA

In cammino verso un futuro più

spirituale e tecnologico

Prima edizione 2022

© IshvarAshram

www.ishvarAshram.ch

Herstellung und Verlag:

BoD – Books on Demand,

Norderstedt

ISBN: 9783756808069

Sommario

Sessualità moderna... *4*

Che ruolo ha il sesso virtuale nelle relazioni *10*

Le relazioni moderne... *34*

Pornografia in internet *49*

Sex-robot.. *58*

Transumanesimo *72*

Sessualità moderna

Che cosa c'è di diverso nella sessualità moderna rispetto a quella tradizionale che non sia già stato praticato?

Ishvara: L'introduzione delle tecnologie.

Non c'è una contraddizione tra sessualità e tecnologia?

Ishvara: Solo se è in contrapposizione.

In che senso?

Ishvara: Se è dannosa.

Con l'introduzione delle tecnologie possiamo fare anche dei danni. Che tipo di danni? Psicologici oppure fisici?

Ishvara: Entrambi.

Quali potrebbero essere le conseguenze psicologiche dannose?

Ishvara: Dipendenza.

E quelle fisiche?

Ishvara: Stato di salute generale che peggiora.

Qual è lo scopo delle tecnologie nella sessualità?

Ishvara: Migliorare le prestazioni.

Perché sono così importanti le prestazioni?

Ishvara: Per essere più efficaci.

Perché si dà tutta questa importanza nell'essere efficaci anche sessualmente?

Ishvara: Per avere un piacere più intenso e duraturo.

Una volta raggiunto questo piacere che succede?

Ishvara: Ne volete ancora di più.

Come gestire questo circolo vizioso che crea dipendenza?

Ishvara: Imparando a rimanere con ciò che siete grazie alla meditazione.

Che cosa intendi per ciò che siete?

Ishvara: Stare con ciò che si è nel qui e ora senza volere nulla di più o di meno.

La sessualità usata in modo consapevole e costruttivo può farci solo del bene?

Ishvara: È un valore aggiunto.

Come possiamo vivere la sessualità con pienezza?

Ishvara: Conoscendo sempre di più voi stessi.

Chi siamo?

Ishvara: Scopritelo con l'introspezione.

Se ci guardiamo dentro scopriamo di non essere solo un corpo-mente, allora che cosa siamo?

Ishvara: Siete ciò per cui sapete di esistere, ovvero, il Sé, l'Assoluto.

Il piacere non dovrebbe essere fine a sé stesso ma vissuto per quello che è nel qui e ora in modo più consapevole?

Ishvara: Più ci mettete attenzione e amore e più vi racconterà di voi stessi.

Meditando ci renderemo sempre più conto che il piacere fisico ci allontana dalla fonte?

Ishvara: No, meno vi sentirete nella separazione.

In fin dei conti siamo solo alla ricerca della felicità?

Ishvara: Sì, nel senso dell'amore più profondo e universale.

Perché siamo così felici quando raggiungiamo un orgasmo che poi dura solo un attimo?

Ishvara: Perché in quell'istante dimenticate voi stessi e i vostri problemi.

Si può vivere un orgasmo spirituale facendo sesso?

Ishvara: Il sesso è solo una parte dell'orgasmo mistico che non esclude nulla.

Qual è il sesso più profondo e completo da praticare?

Ishvara: Quello che si fonda sull'amore e il rispetto reciproco.

Questo è possibile anche con le nuove tecnologie?

Ishvara: Sì, dipende sempre dall'utilizzo che se ne fa.

Che ruolo ha il sesso virtuale nelle relazioni

Il sesso virtuale potrebbe farci bene?

Ishvara: Sì, fino a quando ne siete pienamente consapevoli e liberi.

Questo vale per la sessualità in generale?

Ishvara: Si può dire che valga per ogni cosa.

Dal momento che pratichiamo solo sesso virtuale senza contatto fisico, questo non potrebbe avere delle conseguenze negative sulla psiche?

Ishvara: L'esperienza virtuale è limitata in sé stessa.

A lungo andare non ci soddisfa come il sesso fisico?

Ishvara: Ogni forma di soddisfacimento è temporanea.

In questo caso allora non c'è differenza tra il fare sesso virtuale oppure fisico?

Ishvara: Cercate la pace interiore che è più duratura piuttosto che aggrapparvi all'effimero.

Eppure se non facciamo sesso, la pace interiore è difficile trovarla?

Ishvara: Lasciate che il sesso si esaurisca da solo.

In che modo?

Ishvara: Testimoniate il piacere senza il bisogno di soddisfarlo.

Così sembra che si tenda a reprimere il sesso?

Ishvara: Testimoniare significa essere consapevoli e basta, senza fare nulla al riguardo.

Da quando si pratica cybersex, c'è un fenomeno comune nelle coppie, l'outercourse, dove si parla di sesso non penetrativo, ovvero delle varie forme di rapporto sessuale, tra cui i baci, le carezze, il frottage, la masturbazione reciproca e il sesso orale. Sembra quasi che la penetrazione non esista più, è come se si andasse contro natura. Se andiamo avanti così sembrerebbe che non si concepiranno più bambini. Dove andremo a finire?

Ishvara: Rischierete così di perdere di vista il valore umano delle relazioni.

E quali sarebbero così le conseguenze?

Ishvara: Diventerete sempre di più simili a delle macchine.

Cosa vuol dire avere un rapporto completo?

Ishvara: Non sentirsi separati dall'altro.

Come facciamo a capire che non siamo separati dall'altro?

Ishvara: Quando vi sentite in armonia.

Dormire in camere separate potrebbe dividere la coppia?

Ishvara: No, anzi è più salutare.

Perché?

Ishvara: Ci si disturba meno durante il sonno.

Non si rischia di perdere il contatto fisico?

Ishvara: No.

Il concetto di coppia potrebbe cambiare in futuro?

Ishvara: È sempre in continua mutazione.

In che direzione stiamo andando?

Ishvara: Maggiore apertura.

Ci saranno nuove forme di relazioni?

Ishvara: Più comunitarie.

Dove si farà sesso l'uno con l'altro?

Ishvara: Sì, ma solo nella piena condivisione.

Che cosa intendi esattamente?

Ishvara: Nella completa consensualità reciproca.

Non si potrebbe anche tentare di strumentalizzare l'altro pur di poter raggiungere il proprio obiettivo?

Ishvara: Da qui l'importanza di raggiungere una piena capacità d'intendere e di volere attraverso una sempre maggiore autoconoscenza.

E consapevolezza?

Ishvara: Il senso profondo è lo stesso.

Come integrare il sesso virtuale senza sentirsi separati dall'altro?

Ishvara: Rimanendo consapevoli durante la pratica.

In che modo riusciamo ad essere più consapevoli?

Ishvara: Essendo totalmente presenti a voi stessi e all'altro.

Come si può raggiungere una tale consapevolezza?

Ishvara: Ascoltando attentamente e profondamente voi stessi e ciò che vi circonda.

Il cybersesso non potrebbe avere anche conseguenze negative come la perdita di eccitamento?

Ishvara: Questo dipenderà dall'utilizzo che ne farete.

Potresti spiegarci meglio e in modo più concreto?
Ishvara: Siate estremamente attenti alle reazioni e alle conseguenze che seguiranno.

Che tipo di utilizzo potrebbe essere dannoso in questo senso?
Ishvara: Un eccesso che porti alla dipendenza.

Come capire che stiamo diventando dipendenti?
Ishvara: Quando continuate a volerne sempre di più.

Che effetto potrebbe avere la pratica del cybersesso con più persone?

Ishvara: Allontanarvi dall'avere rapporti umani personali.

Che cosa intendi per rapporti umani personali?

Ishvara: Incontrarvi personalmente ovvero fisicamente.

Perché è così importante il rapporto umano personale?

Ishvara: Vi aiuta a sentire maggiormente la presenza dell'altro.

E questo a che cosa serve?

Ishvara: Così diventate più empatici e meno egocentrici.

Qual è il senso di fare pratica sessuale con più persone?

Ishvara: Fare l'esperienza del non attaccamento.

Non sarebbe meglio imparare a praticarlo solo con una persona pur rimanendo non attaccati?
Ishvara: Così non ne avrete la prova.

Come gestire al meglio la dipendenza e l'attaccamento senza destabilizzarsi nel caso in cui venissimo messi alla prova?
Ishvara: Devono essere chiari gli obbiettivi e attenersi ad essi.

Ci potresti fare un esempio di un obbiettivo?
Ishvara: Fare sesso senza null'altro.

Se invece accadesse d'innamorarsi sarebbe la fine e la grande delusione dell'altro?

Ishvara: Per questo dovete essere chiari sin dall'inizio.

Allontanandosi dai rapporti umani personali con mezzi virtuali per non essere abbandonati o feriti dall'altro potrebbe essere una soluzione facile per chi ne ha avuto già abbastanza di fregature?

Ishvara: Può essere utile solo se viene condiviso da entrambi i partner.

Altrimenti che rischio ci potrebbe essere se non si condivide con i partner?

Ishvara: Il rischio dell'isolamento virtuale è alto.

E così anche la dipendenza?

Ishvara: Prima c'è la dipendenza e poi l'isolamento.

Una volta isolati siamo forse spacciati oppure si può ancora ritrovare il contatto umano?

Ishvara: Il contatto umano si può sempre ritrovare, ad esempio parlandone.

Quanto può resistere una persona senza fare l'amore?

Ishvara: Dipenderà dalle sue intenzioni e dalla sua forza di volontà.

Potresti spiegarti meglio?

Ishvara: Dipenderà dalle sue caratteristiche personali, dal suo karma o dal suo destino.

Non fare sesso trascurandolo è dannoso per la salute?

Ishvara: Sì, se non lo si è veramente trasceso.

Possiamo trascendere la sessualità?

Ishvara: L'avrete veramente trascesa solo se, senza costrizioni, non sentirete più alcun bisogno sessuale.

La maggior parte della gente comune non riesce a trascenderla?
Ishvara: Infatti, non c'è necessità, se non che sia un processo naturale.

Ci sono delle tecniche con le quali si potrebbe trascendere la sessualità?
Ishvara: La meditazione vi aiuta ad essere sempre più liberi dai pensieri e quindi anche dalla sessualità.

Una volta trascesa la sessualità, abbiamo raggiunto una specie di illuminazione o quale potrebbe essere il senso di trascenderla?
Ishvara: A quel punto non cercherete più alcun senso perché la mente sarà calma e silenziosa.

Con l'età e rimanendo sempre con lo stesso partner per un lungo periodo lo stimolo sessuale va indietro. Questo è un processo naturale oppure bisogna fare qualcosa per tenere vivo il piacere sessuale?

Ishvara: Questo dipenderà da ogni organismo corpo-mente.

Da cosa si capisce che non lo si opprime o si ha qualche disturbo sessuale?

Ishvara: Quando non è naturale.

Certe volte però le persone neanche se ne accorgono che hanno un disturbo sessuale. Come muoversi?

Ishvara: Se non ci sono conflitti e tensioni allora tutto va bene, altrimenti una visita da uno specialista può essere di aiuto.

I disturbi sessuali derivano dall'uso sbagliato del sesso oppure ci possono essere altre cause?

Ishvara: Le cause sono diverse.

Quale potrebbe essere una causa diciamo comune della società d'oggi?

Ishvara: Un eccessivo desiderio sessuale e lo stress lavorativo.

Con lo stress lavorativo nascerebbe anche una sessualità disfunzionale?

Ishvara: Lo stress è disfunzionale su tutta la linea.

E così anche lo stress di prestazione?

Ishvara: Il conflitto nasce dal voler essere diversi da ciò che siete e dal volere sempre di più.

Come poter evitare lo stress in un mondo dove tutto è sempre più veloce e competitivo e sembra non esserci abbastanza per tutti?

Ishvara: La meditazione vi aiuta a rimanere calmi in un mare in tempesta.

Come trovare il tempo per la meditazione se la nostra mente è sempre in movimento e non trova un attimo di pace?

Ishvara: Svegliatevi prima e prendetevi all'inizio almeno 5 minuti per meditare.

Perché ci sono persone che hanno un eccessivo desiderio sessuale?

Ishvara: Il desiderio è diverso per ognuno e va testimoniato con la meditazione.

Per quale motivo?

Ishvara: Nella meditazione, che è attenzione totale, voi imparate a conoscere voi stessi.

Un eccessivo desiderio sessuale potrebbe essere la ninfomania?
Ishvara: Sì, e qualsiasi eccesso nuoce alla salute.

In questi casi è caldamente consigliato andare a fare una terapia?
Ishvara: Sì, una visita specialistica può essere di aiuto.

Il Tantra Yoga potrebbe essere di aiuto a queste persone?
Ishvara: Sì, ma dipenderà dalla vostra disponibilità e dalle capacità del maestro tantrico.

Da cosa si capisce se un maestro tantrico è capace?

Ishvara: Dalla vostra sensazione in sua presenza.

Che tipo di sensazioni?
Ishvara: Benessere e totale fiducia.

Per chi non ha un partner basta masturbarsi per soddisfare lo stimolo sessuale oppure è necessario un partner?
Ishvara: La masturbazione è l'arte sessuale di amare sé stessi e non richiede alcun partner.

Perché alcune religioni proibiscono la masturbazione anche se invece la psicologia la consiglia caldamente?
Ishvara: Perché si ritiene che sia una forma di peccato.

In che senso potrebbe essere un peccato?
Ishvara: La si ritiene una cosa sporca.

Questo vale anche per il rapporto sessuale tra due persone?

Ishvara: La castità è una purezza che va oltre il bene e il male.

Che cos'è la sessualità in tutte le sue forme per te?

Ishvara: La ricerca della fusione con il divino.

Si potrebbe andare avanti con la masturbazione senza partner per essere felici oppure è comunque necessario un partner per sentirsi più completi?

Ishvara: Imparate a conoscere voi stessi in relazione con l'altro.

Prima di condividere delle intimità con un partner sarebbe ideale imparare ad amare sé stessi con la masturbazione, anche per conoscere meglio il proprio corpo e i propri desideri?

Ishvara: È un buon modo per conoscere la propria sessualità e saperla gestire.

Perché è importante saperla gestire?
Ishvara: Dovete conoscere la vostra sessualità prima di conoscere quella dell'altro.

Come imparare a gestire la propria sessualità?
Ishvara: Imparando ad amare voi stessi imparate anche ad amare l'altro.

Per chi non ha un partner usare le nuove tecnologie come il Cybersex per soddisfarsi è una buona cosa?
Ishvara: Sì, sempre che non diventi eccessivo e non rimpiazzi il contatto umano.

Qual è il momento migliore per fare l'amore?
Ishvara: Quando lo sentite nel cuore.

Spesso accade come un bisogno come il dover mangiare e bere, è così?

Ishvara: Rimanete con questo bisogno senza volerlo soddisfare e vi racconterà molto di voi stessi.

Quando è un bisogno che non viene dal cuore?

Ishvara: Il bisogno fisiologico è naturale.

E come capire allora quando il desiderio viene dal cuore?

Ishvara: Quando è pienamente condiviso allora viene dal cuore perché non ha conflitti.

Si potrebbe fare sesso anche dopo un primo incontro oppure sarebbe meglio conoscersi meglio prima?

Ishvara: Conoscersi meglio prima evita successivi malintesi.

I malintesi potrebbero essere connessi alle diverse aspettative relazionali dei partner?

Ishvara: Una maggiore chiarezza evita delusioni.

Come si fa a capire che abbiamo difronte un partner potenziale per una relazione seria?

Ishvara: Dovreste incontrarvi più volte così da potervi conoscere sempre meglio.

Come capire se il partner è sincero?

Ishvara: Osservando il linguaggio non verbale e mettendolo alla prova.

Ad esempio non facendo sesso subito e facendolo aspettare?

Ishvara: È una buona via.

Quale potrebbe essere la prova più ragionevole e costruttiva?

Ishvara: Se vi ama davvero saprà aspettare e voi saprete andargli incontro.

Per avere una buona relazione è necessario avere prima una buona intesa sessuale?

Ishvara: Non necessariamente.

Anche se statisticamente le coppie si separano perché l'intesa sessuale non funziona?

Ishvara: Il karma della coppia si è estinto.

E se l'intesa sessuale non funziona troppo bene, ha senso iniziare una relazione con qualcuno?

Ishvara: Solo se per voi il sesso non è importante.

Avere una relazione che dà anche la possibilità di fare sesso con altre persone può funzionare?

Ishvara: Solo se i partner sono d'accordo.

Nel caso in cui ci sono problemi a livello sessuale ma l'amore è forte, aprire la coppia può essere una buona idea?

Ishvara: Sì, ma i partner devono essere convinti per evitare gelosie varie.

Non si rischia anche che ci si potrebbe innamorare della terza persona?

Ishvara: Questo non dipenderà dall'aprirsi o meno.

Si possono amare due o più partner contemporaneamente?

Ishvara: Certo, perché no?

Anche qui, occhio alla gelosia?

Ishvara: Si tratta di essere tutti quanti d'accordo.

Una buona relazione si potrebbe anche basare su un'intesa spirituale e di amicizia?

Ishvara: Certo, il sesso non è tutto.

Le relazioni moderne

Come sono le relazioni di coppia al giorno d'oggi?

Ishvara: Le coppie stanno cambiando sempre più e si aprono verso nuovi modelli.

Di che tipo di modelli parli?

Ishvara: Modelli di sessualità individuale e di coppia.

Come sarà la sessualità individuale?

Ishvara: Ci sarà più spazio per l'autoerotismo.

Che cos'è?

Ishvara: Amare sé stessi anche dal lato dell'Eros?

In che modo?

Ishvara: Con la masturbazione.

Ci saranno sempre più persone che sceglieranno la sessualità individuale alla coppia?

Ishvara: No.

Sembrerebbe anche che si è più aperti a fare esperienze sessuali con lo stesso sesso o con più persone?

Ishvara: Sì, poiché la distinzione di genere cadrà sempre di più.

Come mai ci stiamo muovendo in questa direzione?

Ishvara: Per passare dall'amore personale a quello universale.

È necessario fare questo passo per trovare l'amore universale?

Ishvara: È la base di ogni principio evolutivo.

Perché è così importante andare sempre di più verso l'amore universale?

Ishvara: Perché non potrete mai amare completamente voi stessi senza amare l'altro.

È un bene per lo sviluppo spirituale di ciascuno aprirsi a qualsiasi genere di relazione, dalla monogamia alla poligamia?

Ishvara: Sì, in verità nell'arco di una vita è così per quasi tutti.

Questo significa che la maggior parte della gente non è fedele al proprio partner, ama diverse persone nello stesso tempo?

Ishvara: Amare è nel tempo e allo stesso tempo lo trascende.

Significa che nell'arco di una vita noi amiamo più persone?

Ishvara: Sì, l'amore personale viene rivolto verso più persone durante una vita.

E per quanto riguarda la gelosia?

Ishvara: Questa sarà superata con l'esperienza.

Come riuscire a superare la gelosia se la maggior parte delle persone vogliono possedere l'altro?

Ishvara: Risolvendo la paura dell'abbandono.

Amare e fare sesso con più persone nello stesso momento è una caratteristica della nuova era?

Ishvara: Sì.

Stiamo tornando ai figli dei fiori degli anni '60?

Ishvara: Diciamo che c'è ancora del potenziale.

Anche le droghe saranno ancora consumate oppure ci saranno altri mezzi per raggiungere delle visioni straordinarie?

Ishvara: Vecchi e nuovi espedienti vi aiuteranno ad evolvere ognuno a modo suo.

Amare più persone, ad esempio un transgender oppure non binario, è un'esperienza che nasce dal bisogno di adempiere a un processo karmico che non ha limiti?

Ishvara: Sì, poiché l'amore non conosce distinzione di genere.

È la mente, le regole della società, la paura del diverso e del giudizio che ci separa dall'amare liberamente chi si vorrebbe?

Ishvara: Mettere limiti all'amore non si può.

Quando si fa l'amore è concesso farlo in qualsiasi modo, come ad esempio nel sadomaso, se le persone coinvolte sono d'accordo?

Ishvara: La piena capacità d'intendere e di volere insieme al libero arbitrio fanno sì che tutti siano consenzienti e responsabili.

Ma così si creerebbe però del karma?

Ishvara: Non potete impedire l'accadere di ciò che è previsto dalla totalità.

In queste esperienze di amore libero è possibile fare sesso anche con i propri familiari?

Ishvara: Solo se di comune accordo, ovvero, in piena capacità d'intendere e di volere e che tutti siano consenzienti, responsabili e con la massima riservatezza.

Come mai la massima riservatezza?

Ishvara: Perché la società non è ancora liberata da pregiudizi.

Anche nelle costellazioni familiari si ritiene che fare incesto non è cosa buona?

Ishvara: Anche questo è pregiudizievole.

Perché abbiamo questi pregiudizi e condanniamo un atto del genere?

Ishvara: Per motivi sociali e religiosi.

Le diverse regole, ad esempio nelle costellazioni familiari, di come dovrebbe essere un rapporto sano e funzionale, sono create sempre dalla società e non sono universali?

Ishvara: Le regole sociali valgono nella società in cui vivete ma l'universo ha altre regole.

La regola dell'amore universale?

Ishvara: Il vero amore non può che essere per tutti e tutto.

Perché siamo così scandalizzati se due fratelli o cugini fanno sesso?

Ishvara: Ogni società ha le proprie regole sociali e religiose.

La scienza ritiene che in questi casi ci sono maggiori rischi di nascite con la sindrome di Down?

Ishvara: Sì, ci sono rischi in ogni relazione.

Se nasce una figlia o un figlio di Down da cosa dipende allora?

Ishvara: Dal karma individuale e dal piano divino.

Come si potrebbe evitare?

Ishvara: Non potrete evitare ciò che dovrà accadere per volontà divina.

Neanche un aborto?
Ishvara: Se è destino che abortirete, così sarà.

Si consiglia anche di concepire figli con un partner che è molto più diverso culturalmente per avere figli più sani e intelligenti?
Ishvara: Ognuno farà come vorrà e potrà.

Come mai si sono formate delle regole sociali e religiose?
Ishvara: Per provare a dare un ordine sociale.

Qual è l'origine della necessità di aver dovuto mettere queste regole?
Ishvara: Farne esperienza come corpi-mente.

L'amore libero accetta anche di fare sesso con minorenni e animali?

Ishvara: Solo se la volontà divina non lo eviterà.

Per quale motivo dovrebbe accadere una cosa del genere per volontà divina?

Ishvara: Perché le parti in causa devono imparare qualcosa e assolvere il proprio destino o karma.

Di base però non dovrebbe essere permesso fare sesso con bambini e animali perché loro non sono in grado di essere consensuali né consapevoli di ciò che viene loro richiesto di fare?

Ishvara: Andrebbero rispettate le regole di ogni società e le creature più fragili e indifese.

Quindi, anche di non poter fare sesso con i propri familiari o parenti?

Ishvara: Sì, sempre che questo non rientri nel vostro destino.

Che cosa succederebbe se tutti potessero fare sesso con chi vogliono senza limiti?

Ishvara: Ognuno lo percepirà in modo diverso.

Potrebbe esserci più armonia nella società?

Ishvara: Se alla base c'è il rispetto allora i limiti non servono.

Perché dovrebbe venire a mancare il rispetto?

Ishvara: Perché vi identificate in un corpo che soffre.

Come non identificarci?

Ishvara: Non ritenendovi solo un corpo-mente.

Se parliamo di sesso per forza ci identifichiamo con il corpo-mente?

Ishvara: Testimoniate il corpo-mente senza identificarvi, ciò che testimonia il corpo-mente lo precede.

Se ci identifichiamo con il corpo-mente siamo nella separazione e nella disarmonia?

Ishvara: Sì, il testimoniare avviene quando osservate ciò che accade dentro e fuori di voi, senza interferire.

C'è un modello di coppia o di relazione che rappresenta l'amore ideale?

Ishvara: Una relazione nella quale non esiste alcun senso di separazione.

Perché ci sentiamo separati nella coppia pur essendo insieme a qualcuno?

Ishvara: Perché credete a ciò che vi dice il pensiero.

Che cosa potrebbe dirci il pensiero?

Ishvara: Qualsiasi cosa vi dica il pensiero, semplicemente testimoniatela senza fare alcunché, e vedrete che il pensiero stesso si dissolverà nella pace.

La riproduzione avverrà sempre meno tra maschio e femmina ma piuttosto in vitro ovvero in modo artificiale?

Ishvara: Sì, questo sarà parte del processo evolutivo scientifico.

Perché stiamo andando in questa direzione?

Ishvara: Perché volete avere sempre più il controllo sulla vita e la morte.

Questo è connesso alla paura della morte?

Ishvara: Proprio perché non sapete vivere pienamente la bellezza della vita, rimanete schiavi della paura della morte.

Vivere la pienezza della vita significa, ad esempio, fare sesso solo per il piacere di farlo?

Ishvara: Sì, e senza più sentirvi in colpa o gelosi uno dell'altro.

C'è anche un altro scopo dietro il fare l'amore?

Ishvara: Liberarvi di ogni forma di piacere.

In cosa consiste allora vivere la vita pienamente se poi dovremmo lasciare indietro ogni forma di piacere?

Ishvara: Vivete pienamente la vita quando non correte più dietro ai pensieri e ai desideri.

Si potrebbe raggiungere l'illuminazione facendo l'amore?

Ishvara: Qualsiasi cosa facciate, ciò che conta è la dissoluzione dell'io.

Che è la disidentificazione con il corpo-mente?

Ishvara: A quel punto non c'è più nessuno che possa illuminarsi perché ogni forma di identificazione è scomparsa.

Pornografia in internet

Che senso ha la pornografia?

Ishvara: Lo scopo è quello di eccitare.

In questo caso, l'eccitarsi richiama la sessualità e quindi l'identificazione con il corpo-mente?

Ishvara: Nella misura in cui non testimoniate ciò che accade al corpo-mente.

La pornografia fa male?

Ishvara: Dipende dall'utilizzo che se ne fa.

C'è un nuovo modo di vivere la pornografia, il cosiddetto porno VR, passando dall'essere spettatori di un filmato all'essere protagonisti dello stesso. Quale potrebbero essere le conseguenze di questo tipo di utilizzo?

Ishvara: Con il tempo si potrebbe perdere la capacità di un utilizzo fisico e umano.

Con il rischio di isolarsi e allontanarsi sempre di più dalla realtà?

Ishvara: Ciò che ritenete realtà muterà e si espanderà.

Ci sono una marea di video pornografici in rete che sono facilmente accessibili a tutti. Che cosa ci potrebbe essere di positivo in questa possibilità?

Ishvara: Educare a un utilizzo consapevole.

Che cos'è un utilizzo consapevole?

Ishvara: Essere pienamente consapevoli di che cosa si sta facendo per non esserne dipendenti.

Non è un po' rischioso se i bambini avranno accesso a dei video con scene sessuali molto violente e difficili da elaborare? Che cosa ci può essere di educativo in una situazione del genere?

Ishvara: Educare significa far conoscere e non nascondere né reprimere.

Nel caso in cui un bambino ha accesso a dei porno dovrebbe esserci qualcuno vicino ad accompagnarlo e spiegargli il senso di ciò che sta vedendo?

Ishvara: Questo lo aiuterebbe a capire meglio la sessualità.

Ci sono limiti di età a tale riguardo?

Ishvara: Sta ai genitori, alla scuola e alla società stabilire tali limiti.

Per quale motivo ci sono delle persone che amano pratiche sessuali estreme e violente?

Ishvara: Per poter vivere una parte di loro stessi.

Vivere questa parte attraverso dei video può essere di aiuto o addirittura terapeutico?

Ishvara: In questo modo si evitano dannose e inutili sofferenze.

I protagonisti di questi tipi di video violenti soffrono o hanno qualche disturbo della personalità?

Ishvara: Sono degli attori che recitano una loro parte.

E le persone che amano praticare regolarmente della sessualità violenta?

Ishvara: Dove c'è violenza non può esserci amore.

Non è sano quindi praticare una sessualità violenta?

Ishvara: Ogni violenza è disfunzionale e malsana.

La pedocriminalità su internet è diventata un reato molto comune. Bambini vengono rapiti per poi essere sfruttati sessualmente in tutti modi. Questo significa che ci sono molte persone che consumano questo genere di bisogno sessuale. Per quale motivo ci sono così tante persone che approfittano di bambini pur sapendo che è un crimine?

Ishvara: Perché la società non fa abbastanza per proteggere gli esseri più fragili e deboli.

Per quale motivo?

Ishvara: Perché gli strumenti a disposizione non sono ancora ottimizzati.

Abbiamo poi un fenomeno anche molto comune nella società: la violenza domestica non solo sui bambini ma anche sugli anziani. Che cosa possiamo fare noi per poter aiutare queste persone fragili e deboli?

Ishvara: In alcuni casi l'unica possibilità è la videosorveglianza.

Il fatto è che i bambini abusati diventeranno loro stessi da vittime a carnefici. Come si può rompere questo ciclo vizioso?

Ishvara: Laddove ci sono delle segnalazioni, procedere con la videosorveglianza.

Che cosa c'è dietro agli abusi sugli anziani e bambini?

Ishvara: Violenze a loro volta subite dagli aggressori.

E come la guerra, non ci può essere un mondo senza guerra perché c'è sempre un motivo per farne un'altra finché non si riesce a superare la violenza assorbita?

Ishvara: Per amare bisogna sapere anche perdonare.

Cosa sarebbe il mondo senza una guerra?

Ishvara: Regnerebbero la pace e la felicità.

Ci sono degli studi che dicono che l'essere umano non vuole essere felice. Che ci puoi dire a tale riguardo?

Ishvara: Se uno non vuole essere felice lasciate che faccia le sue esperienze affinché impari a liberarsene.

Una persona che si fa pagare per delle prestazioni sessuali può essere una persona felice?

Ishvara: La felicità non dipende da quanto sesso fate, ma da come vivete il momento presente.

Queste persone vengono spesso disprezzate dalla maggior parte della gente. Come possono vivere il momento presente in modo felice?

Ishvara: La meditazione le aiuterà a ritrovare sé stesse e a liberarsi dalle catene della schiavitù.

Come può funzionare la meditazione con la prostituzione. Sembra in opposizione.

Ishvara: In questi casi, la meditazione tantrica, che è libera da pregiudizi, è di aiuto.

Perché vendere la propria prestazione sessuale se si potrebbe trovare l'amore?

Ishvara: Questo dipenderà dal proprio karma e dal piano divino.

La nuova era avrà ancora bisogno di persone che dovranno prostituirsi?

Ishvara: Tali prestazioni non saranno più oggetto di discriminazioni.

E che cosa saranno?

Ishvara: Attività professionali come le altre.

Sex-robot

Grazie all'intelligenza artificiale sono stati prodotti dei sex-robot. Il cliente si prepara all'incontro, paga e amoreggia, il sex-robot risponde a monosillabi, o pagando di più, riesce anche a recitare frasi seduttive e rassicuranti, mentre ricambia le effusioni erotiche e amorose. L'intelligenza artificiale del robot conferisce a queste bambole un temperamento dolce e obbediente, rassicurante e sottomesso, mentre regala dosi abbondanti di autostima sessuale al suo amante pagante. La voce meccanica è abbinata a un volto di donna molto ben fatto, con labbra protruse e intriganti, lingua mobile e occhi suadenti e sognanti. Bambole del sesso che evocano un'intimità, quanto più possibile vera. Quali sono le conseguenze di un rapporto con un sex-robot?

Ishvara: Tutto dipende dall'utilizzo che se ne fa.

Se si usa un sex-robot più volte al giorno potrebbe essere nocivo?

Ishvara: Il rischio della dipendenza aumenta.

Un sex-robot potrebbe essere pericoloso per l'essere umano?

Ishvara: Se ne diventate dipendenti può diventare nocivo alla salute.

Come in tutte le cose bisognerebbe trovare la giusta misura?

Ishvara: Siate voi a decidere per il bene della vostra salute.

Perché anche non fare sesso potrebbe essere nocivo per la salute?

Ishvara: Qualsiasi forma di repressione crea conflitto quindi non è salutare.

Come trovare il proprio equilibrio nell'utilizzo dell'energia sessuale?

Ishvara: Con la consapevolezza capite voi stessi e i vostri limiti.

L'aspetto sessuale è comunque importante come ad esempio un'alimentazione sana, esercizi, una mente serena ecc... per la salute?

Ishvara: Anche la sessualità va gestita senza assecondare sempre tutti i bisogni.

Che cosa potrebbe succedere ad una coppia se uno dei partner usa un sex-robot fuori dal loro rapporto?

Ishvara: Di comune accordo, potrebbe essere un valore aggiunto.

E se si facesse di nascosto?

Ishvara: Come ogni cosa fatta di nascosto, una volta smascherata, creerà problemi.

Non c'è il rischio che il sex-partner con il tempo sostituisca il proprio partner con il sex-robot?
Ishvara: No, se viene condiviso.

Uno dei due partner non potrebbe essere geloso del sex-robot?
Ishvara: Motivo in più per lavorare sulla possessività.

Per chi invece è single potrebbe essere una buona alternativa?
Ishvara: Sì, anche se non dovrebbe sostituire completamente il rapporto umano.

Che cosa potrebbe succedere in caso di assenza umana?

Ishvara: Sempre più isolamento.

Che potrebbe portare al suicidio?

Ishvara: Anche.

Isolarsi troppo è pericoloso di base?

Ishvara: Sì, poiché perderete sempre di più il contatto con il mondo e voi stessi.

Quali sono i rischi psicologici?

Ishvara: Quello che valgono per ogni dipendenza.

Come in un rapporto basato su meccanismi di controllo, sulla mancanza di libertà attraverso modalità ossessive che limitano gli spazi altrui, sulla gelosia morbosa?

Ishvara: Relazionate senza vantare alcun diritto di possesso.

In caso di richieste di devozione da parte del partner, di essere al centro del suo mondo e dei suoi interessi, possono costituire indizi significativi di una relazione vissuta in modo dipendente?

Ishvara: La vera devozione è riconoscere nell'altro il divino che è in voi e non il bisogno di possedere o di dipendere.

Fare in modo che sia il partner a definirci, così che ogni sua valutazione, positiva o negativa che sia, determinerà come noi ci vediamo e sentiamo, ogni sua attenzione o disattenzione condizionerà il modo in cui concepiamo noi stessi, queste modalità relazionali conducono ad un senso di annullamento di sé?

Ishvara: La relazione matura non si basa sul soddisfacimento dei reciproci bisogni ma sulla disponibilità al dialogo.

Cercare di soddisfare le esigenze dell'altro in tutti gli aspetti della relazione, svalutando i propri bisogni e non riuscendo più neanche a comprendere quali essi siano, rappresenta un fenomeno che spesso si verifica nelle relazioni di dipendenza. La persona dunque, arriva a non saper riconoscere cosa davvero vuole e ciò che desidera. Come fare per non trovarsi in una relazione del genere?

Ishvara: Non mercanteggiate ma condividete con l'altro i vostri dubbi.

Tutto ciò che è fuori dalla relazione di coppia viene messo in secondo piano, per cui si tende gradualmente ad allontanarsi dalle altre persone, a maggior ragione quando queste sembrano mettere in discussione il rapporto che state vivendo. Questa tendenza a separarsi dal contesto "altro" non è un processo spontaneo che accade nella società che vive già nella separazione?

Ishvara: Sentirsi separati individualmente, in coppia o in gruppo è l'inizio dell'isolamento.

Di base ha a che fare con sé stessi?

Ishvara: Tutto ritorna a voi stessi e alla capacità di riconoscervi nella relazione con l'altro.

L'altro ci fa da specchio e ci aiuta ad uscire dall'isolamento?

Ishvara: Sì, voi siete il risultato del mondo e il mondo è voi.

La dipendenza affettiva, che origina dalle proprie insicurezze, non fa altro che accentuare e condurre all'ampliamento di queste insicurezze e fragilità, alimentando un circolo vizioso che diventa sempre più difficile e faticoso interrompere?

Ishvara: Iniziare con il riconoscere le proprie dipendenze e problemi apre le porte della comprensione reciproca.

Per chi ama fare hard-sex usare un/a sex-robot potrebbe essere utile senza così correre il rischio di fare del male ad un partner umano?

Ishvara: Certamente potrebbe essere di aiuto.

Ci potrebbe essere anche una funzione terapeutica?

Ishvara: Sì.

In questo modo i sex-robot potrebbero sostituire le prostitute e loro stesse perdere così il lavoro?

Ishvara: Avranno sempre il lato umano a loro disposizione.

Questo significa che le prostitute dovrebbero sviluppare di più un lato umano per i loro clienti che un sex-robot non potrà mai offrire?

Ishvara: Proprio così.

Ma la prostituta non potrà mai sostituire un rapporto amoroso con un partner?

Ishvara: Ognuno ha il proprio ruolo.

I sex-robot potrebbero anche essere degli strumenti educativi per i giovani che sono ancora alle prime armi?

Ishvara: Non solo per coloro che sono alle prime armi.

Che cosa ci potrebbero insegnare i sex-robot che noi non sappiamo già?
Ishvara: V'insegnano a riconoscere i vostri limiti e a rispettarli.

I sex-robot potrebbe insegnarci il sesso tantrico oppure il Kamasutra?
Ishvara: Eccome, se ben programmati.

Questi sex-robot potrebbero evolversi e diventare pericolosi per l'essere umano?
Ishvara: Sì, ma prima dovranno essere programmati per questo.

Dipende tutto sempre da chi li programma?

Ishvara: Il robot fa ciò per cui è stato programmato.

Nell'intelligenza artificiale i robot sono intelligenti e si possono evolvere. È prevedibile in che direzione si svilupperanno?

Ishvara: Anche i robot più sofisticati hanno dei limiti.

I sex-robot potrebbero essere stati programmati come delle armi pericolose che uccidono?

Ishvara: Dipenderà sempre dalla loro programmazione.

Si sta sviluppando inoltre una sessualità bionica, ovvero, la sostituzione o vari ausili per potenziare la propria sessualità. Tutto ciò può essere raccomandato?

Ishvara: Può essere sicuramente d'aiuto, valutandone l'invasività.

In che senso invasività?

Ishvara: È bene tutto ciò che vi è di aiuto.

L'essere umano diventerà sempre più bionico?

Ishvara: Si è solo all'inizio.

Per quale motivo?

Ishvara: Per vivere più sani e a lungo.

L'essere umano è stato creato dagli alieni come i robot?

Ishvara: È stato creato dalla totalità del multiverso.

E come possiamo comprenderlo meglio in concreto?

Ishvara: Voi siete il risultato di tutto ciò che vi circonda.

Ma chi ci ha creati?

Ishvara: Il Sé ha creato dei corpi-mente nei quali v'identificate e fate esperienze.

Transumanesimo

Nel mondo virtuale imperversano le discussioni sull'era transumanista a cui ci stiamo avvicinando, in cui approcci radicali alla scienza e alla tecnologia stanno già cambiando le nostre vite. Si trova di tutto, dai cuori artificiali, ai droni, alle cuffie che leggono il pensiero. Le tecnologie futuriste che avremo tra poco a disposizione entreranno in ogni ambito della nostra vita, incluso quello probabilmente più intimo: quello del sesso. Che cosa significa questo per il genere umano?

Ishvara: Aprirsi a nuove prospettive di vita.

Queste prospettive sono promettenti oppure ci saranno altri pericoli in vista?

Ishvara: Ogni medaglia ha due facce, a voi riconoscerle.

I mammiferi usano il sesso per la riproduzione, per dare e provare piacere, e per legarsi ai propri partner. Perché cambiare?

Ishvara: Non siete solo voi a cambiare ma è la vita stessa a cambiarvi, volenti o nolenti.

Negli ultimi secoli gli esseri umani hanno inventato strumenti, farmaci e anche operazioni chirurgiche per tentare di accrescere e migliorare l'attività sessuale. Tutto questo ci renderà più felici?

Ishvara: La felicità non la si trova aumentando il piacere.

Che cosa ci sfugge dalle mani?

Ishvara: La felicità è serenità d'animo e non semplice soddisfacimento dei piaceri.

A tutt'ora la lista di strumenti e sistemi d'ispirazione transumanista creati apposta per il sesso è praticamente infinita. Forse l'oggetto più conosciuto è il preservativo. Perché diamo così tanta importanza al sesso?

Ishvara: Perché cercate il piacere in ogni sua forma.

Non ci piacciamo forse abbastanza per cercarlo altrove?

Ishvara: Perché siete schiavi del piacere.

Sempre più donne si sottopongono a operazioni di chirurgia plastica per ingrandire il seno, il che è normalmente attribuito a un aumento di sex appeal. Il Viagra è uno degli strumenti più popolari nel campo del miglioramento del sesso e ha aiutato la vita sessuale di milioni di uomini (e dei loro partner). Se le coppie non sentono più piacere o non si piacciono più, fare questi interventi invasivi o usare dei farmaci per migliorare la relazione può essere la cosa giusta da fare?

Ishvara: Dipenderà da caso a caso, importante è che ci sia un accordo di coppia.

Fare di tutto per piacersi e accontentare il partner può essere una buona soluzione per tenere vivo un rapporto di coppia?

Ishvara: Discuterne e venirsi incontro è essenziale.

Avere dei segreti nella coppia è sano?

Ishvara: Bisogna rispettare il diritto alla privacy dell'altro.

Un po' di mistero potrebbe rendere il partner più interessante?

Ishvara: Sì, ma che non sia intenzionale, altrimenti è manipolatorio.

Non essere completamente trasparenti uno con l'altro potrebbe tenere più viva una relazione di coppia?
Ishvara: Ciò crea più facilmente malintesi e incomprensioni.

Sarebbe meglio essere più aperti e sinceri possibile per una sana relazione di coppia o relazioni in generale?
Ishvara: L'onestà e la trasparenza rendono le relazioni più costruttive e durature.

Oggi il sesso (e la tecnologia a esso connessa) concerne ogni momento della nostra vita. Internet propone un continuo fluire di pornografia per milioni di utenti ogni giorno. Eppure ciò che è avvenuto finora nella storia del sesso non sarà neanche lontanamente entusiasmante o stravagante come ciò che ci riserverà il futuro: che si tratti di farmaci, tecnologia o chirurgia, il futuro del sesso sarà impressionante. Il sesso e i preliminari virtuali grazie a un collegamento con cuffie a onde cerebrali e occhiali a realtà virtuale tra i partner saranno un fenomeno comune. Chi farà sesso in modo tradizionale sarà presto fuori di moda?

Ishvara: Anche qui ci saranno i conservatori e i progressisti.

Potranno ancora sopravvivere i conservatori in una società che sarà sempre più tecnologica?

Ishvara: Perché ci siano i progressisti bisogna che ci siano anche i conservatori.

Seconde vite digitali e mondi virtuali continueranno a permettere alle persone di provare esperienze irrealizzabili o troppo imbarazzanti nella vita reale, il tutto senza rischi di malattie sessualmente trasmissibili o gravidanze. Questo succede anche perché si desidera più divertirsi che creare dei rapporti umani validi?

Ishvara: La mera ricerca del piacere non porterà a rapporti umani più profondi.

Potremmo perdere di vista il valore dei rapporti umani validi?

Ishvara: Il piacere fine a sé stesso genera altrettanta sofferenza.

La tecnologia legata agli esoscheletri è elettrizzante e si sta sviluppando velocemente. Gli esoscheletri saranno utili specialmente per persone disabili, obese o fuori forma. Nessuno sarà quindi più svantaggiato a livello fisico?

Ishvara: Sì, salvo qualche rigetto.

In un prossimo futuro tutti potranno indossare questi esoscheletri e realizzare posizioni inimmaginabili per noi finora?

Ishvara: Solo per coloro che ne saranno a favore.

Perché uno non dovrebbe esserne a favore?

Ishvara: Perché ha altri valori e priorità.

Esistono già degli impianti penili e le modificazioni chirurgiche di organi sessuali. Ma questa tecnologia muscolo-scheletrica sono delle protesi impiantate in modo appropriato, in modo che diventi una parte reale del nostro sistema muscolo-scheletrico. Se gli scienziati riescono a connettere le parti del corpo interne a protesi bioniche esterne, allora che conseguenze avrà questo per l'uomo comune? Non solo il seno sarà ingrandito ma ogni parte del nostro corpo che si vorrà sostituire potrà essere cambiata.

Ishvara: Per chi vorrà, potrà avere un corpo e una mente più prestanti.

Ed essere esattamente così come desidera?

Ishvara: Sì, ma non sarà mai completamente soddisfatto perché vorrà sempre di più.

Questo non potrebbe essere anche una conseguenza del fatto che dobbiamo competere con le/i sex-robot che saranno sempre più perfetti?

Ishvara: Sì, ulteriore stress da prestazione.

E con queste tecnologie rivoluzionarie giungeremo anche a una nuova forma di sessualità che supera ogni limite delle capacità umane. In futuro ognuno dei nostri sensi sarà perfezionato dalla tecnologia. Questo significa che vivremo una sessualità completamente diversa. In che modo questa e le altre tecnologie trasformeranno le esperienze sessuali delle persone?

Ishvara: Porteranno l'essere umano a trascendere anche la tecnologia.

Anche il nostro cervello sarà più prestante?

Ishvara: Sì, e questo richiederà maggiore autoconsapevolezza.

Perché?

Ishvara: Per avere un maggior controllo sul vostro corpo-mente.

I cambiamenti saranno radicali quando entreranno in gioco i microchip sottopelle?

Ishvara: Tutto sarà accelerato.

Con i microchip potremo trovare i nostri partner ideali?

Ishvara: Sarà più facile trovare delle persone affini ma il lavoro relazionale andrà fatto comunque.

Le nostre abitudini sessuali, come le conosciamo ora, si sono sviluppate in periodi molto lunghi. Ci sono molte società che sono filosoficamente e psicologicamente libere di godersi tutto ciò che il sesso può portare. Ma dal punto di vista tecnologico abbiamo davanti a noi un approccio tutto nuovo, indipendentemente da gusti e desideri individuali. Che ne sarà di noi?

Ishvara: L'uomo nuovo sarà sempre più tecnologico.

Il transumanesimo si è sviluppato anche grazie alle nuove tecnologie che sono in grado di garantire un maggior benessere o allungare la vita delle persone. Tutto ciò ci permetterà di rendere le esperienze più piacevoli (come il sesso) e ancora più divertenti di quanto non lo siano ora. Quali sono invece gli aspetti negativi di questo sviluppo?

Ishvara: La dipendenza.

Arriveranno gli extraterrestri a insegnarci la nuova era sessuale?

Ishvara: Vi aiuteranno tecnologicamente.

Come trascendere tutto questo andazzo tecnologico per diventare più liberi e felici?

Ishvara: Imparando a essere sereni con ciò che siete nel qui e ora.

Il matrimonio avrà ancora senso in una società tecnologica?

Ishvara: Cercherete sempre più il matrimonio mistico.

Come sarà il matrimonio mistico?
Ishvara: Passerete dalla coppia all'universo sperimentando la beatitudine divina.

Passare dalla coppia all'universo è come annullare sé stessi e la coppia?
Ishvara: No, è integrare voi stessi in tutto ciò che vi sta accanto.

Questo significa abbandonare ogni senso di separazione?
Ishvara: Voi siete l'universo che pulsa e quando sentite questo il vostro corpo e la vostra mente diventano straordinariamente sensibili.

Come sposare il matrimonio mistico con l'intelligenza artificiale?

Ishvara*: Eliminando ogni separazione.

Con la meditazione tantrica?

Ishvara*: Sì, la meditazione in qualsiasi forma, vi apre all'autoconoscenza.

L'autoconoscenza ci aiuta a conoscere noi stessi, il nostro piacere sessuale e a saperlo gestire senza diventarne dipendenti?

Ishvara*: È così che diventate padroni del vostro corpo-mente e non servi.

Biografia

Dawio Bordoli

Insegnante di Yoga sciamanico, master in musicoterapia, suona bhajan/kirtan da oltre 20 anni, costellatore immaginale, master Reiki, channelor e autore di 19 libri sulla crescita personale e spirituale.

Maria Theresia Bitterli

Master of Art in Counseling relazionale e counselor immaginale diplomata, master in coaching e psicologia olistica, bachelor in scienza della comunicazione, drammaterapista diplomata, arteterapista, master Reiki, naturopata, costellatrice immaginale, channelor, insegnante di yoga diplomata (AuyrYoga, Yesudian, Yin Yoga, Yoga restorativo, Yoga sciamanico, Kundalini Yoga e Yoga terapeutico), astrologa, cartomante (Lenormand, tarocchi e angeli) e autrice di 31 libri sulla crescita personale e spirituale.

ISHVARA

Ishvara è un Essere infinito, universale e impersonale, l'Assoluto, il Sé, il silenzio, l'eternità. È l'Assoluto ma anche la sua manifestazione. Infinite vite ha vissuto, vive, e vivrà, come tutte le onde dell'oceano. Come oceano non è separato dalle infinite onde. Non è separato da noi. È immanenza e trascendenza nel medesimo istante. Essere che conosce solo luce, solo unione, non conosce un voi e un noi, un io e un tu.

In questa manifestazione, una delle infinite, ci ricorda la via dell'essenza, la via della chiarezza diretta, che mira sempre dritta alla sorgente, la via che invita a realizzare quello spazio che precede la mente, quello spazio di silenzio, quello spazio senza spazio e tempo, di amore, unione, pienezza e pace infinita. Invita tutte le onde a realizzare di essere sempre state realizzate, di essere sempre state l'oceano, l'Assoluto, l'infinita pura coscienza universale e impersonale.

Ishvara ha contattato per la prima volta Therry e Dawio il 29 giugno 2017 alle ore 16.00 per dare degli insegnamenti a coloro che glieli richiederanno. Tutti i suoi insegnamenti sono stati pubblicati. Dal 25 luglio 2015 Therry e Dawio stanno vivendo continuamente diverse benedizioni e miracoli di ogni genere come ad esempio materializzazioni di Vibhuti, Amrita, Lingam, anello, statue, pietre, ecc...

LIBERTÀ - LUCE - AMORE

www.ishvarashram.ch